LA PUBLICITÉ EST L'AME DU COMMERCE

AFFICHAGE NATIONAL

Vve CRESPIN AINÉ & G. DUFAYEL

TÉLÉPHONE

Imp. CHAIX, 20, r. Bergère, Paris

FÉVRIER 1889

TABLE DES MATIÈRES

	Pages
Affichage en pose simple	5
Affichage en conservation	6
Affichage en province	7
Affichage sur toiles	8
Peinture sur les murs	8
Communes de la Seine	9
Affichage à la petite échelle	10
Affichage à la grande échelle	10
Affichage à la grande échelle en conservation	10
Palissades de l'Exposition	11
Kiosques et chalets lumineux de l'Exposition	12
Publicité dans les gares de l'Exposition	13
Centenaire de la Bastille	14
Réclames dans les stations balnéaires	14
Buffets parisiens	15
Publicité aux Folies-Bergère	16
— au théâtre de l'Ambigu	17
— au Palais d'Hiver	17
— automatique	18
Montagnes Russes	19
Publicité à la Bourse du Commerce	20
Salle Wagram	21
Élections	21
Émissions	22
Publicité au Pays des Fées	23
Régie de l'Officiel des Théâtres	23
Publicité au marché couvert d'Angers	23
Nomenclature des murs pignons de la Ville de Paris	25
Publicité sur les urinoirs de la Ville de Paris	41
Tarifs	41
Nomenclature des urinoirs de la Ville de Paris	42
Liste des murs réservés à l'affichage en conservation	61
Conditions générales	108
Engagement	108

Ce catalogue annule les précédents. Les nouveaux prix ne sont pas applicables aux traités passés antérieurement.

TARIF POUR POSE D'AFFICHES EN CONSERVATION

Dans les douze cents Cadres réservés à l'Affichage National.

13, Boulevard Barbès, PARIS

FORMAT				PENDANT					
				10 jours	15 jours	1 mois	3 mois	6 mois	1 an
				fr.	fr.	fr.	fr.	fr.	fr.
6 centimes	1/4 Colombier	($0^m41 \times 0^m30$)	le cent	10 »	15 »	20 »	60 »	100 »	200 »
12 —	1/2 Colombier	($0^m60 \times 0^m41$)	—	16 »	25 »	30 »	80 »	150 »	280 »
18 —	Colombier . .	($0^m82 \times 0^m60$)	—	25 »	36 »	50 »	140 »	250 »	500 »
24 —	Grand Aigle .	($1^m05 \times 0^m70$)	—	30 »	40 »	60 »	170 »	330 »	600 »
24 —	Double Colomb.	($1^m20 \times 0^m82$)	—	40 »	60 »	90 »	240 »	450 »	900 »
24 —	Quadrup. Col.	($1^m66 \times 1^m20$)	—	80 »	120 »	150 »	400 »	800 »	1.500 »

CONDITIONS GÉNÉRALES

1° L'Administration garantit l'existence en bon état des affiches dans ses cadres, mais le client est tenu de fournir les affiches nécessaires pour remplacer celles qui pourraient se détériorer.

2° Dans le cas où il serait constaté par le client ou par les inspecteurs de l'Administration que des affiches ne sont plus en place, soit par le fait de la malveillance, du mauvais temps ou d'autres causes, il n'y aurait lieu à aucune indemnité, mais l'Administration devrait les faire remplacer.

3° Si un des emplacements désignés par le client vient à disparaître pour quelque cause que ce soit, ou faute de place dans ledit emplacement, l'affiche sera placée dans un cadre voisin.

4° L'absence de quelques affiches dans les cadres ne saurait être une cause de non-paiement. Les affiches seront remplacées par l'Administration et, en cas d'impossibilité, il sera fait une réduction proportionnelle sur le traité.

AFFICHAGE NATIONAL
Vve Crespin aîné et G. Dufayel.

PROVINCE

Affichage dans les 36,151 communes de France et d'Algérie

PAR LES SOINS

DES CORRESPONDANTS DE L'ADMINISTRATION

FORMAT	TIMBRE	DIMENSIONS	LE CENT Fr.	c.
Quart Colombier	6 centimes.	0m41 × 0m30	10	»
Demi-Colombier	12 —	0m60 × 0m41	16	»
Colombier	18 —	0m82 × 0m60	18	»
Grand Aigle	24 —	1m05 × 0m70	25	»
Double Colombier	24 —	1m20 × 0m82	35	»
— Grand Aigle	24 —	1m40 × 1m05	40	»
Quadruple Colombier	24 —	1m66 × 1m20	60	»
— Grand Aigle	24 —	2m10 × 1m40	70	»

1 fr. 50 en sus par commune de France et d'Algérie.

ON TRAITE A FORFAIT

POUR L'AFFICHAGE DANS PARIS ET LA PROVINCE

ÉMISSIONS, ÉLECTIONS, JOURNAUX, etc., etc.

Téléphone.

POSE SIMPLE

DANS LE DÉPARTEMENT DE LA SEINE

même tarif que pour Paris

Avec un SUPPLÉMENT de 1 Fr. par COMMUNE

LISTE DES COMMUNES DE LA SEINE

Issy.
Vanves.
Clamart.
Châtillon.
Bagneux.
Fontenay-aux-Roses.
Plessis-Piquet.
Sceaux.
Châtenay.
Antony.
Bourg-la-Reine.
Montrouge.
Malakoff.

Charenton.
Saint-Maurice.
Alfort.
Créteil.
Bonneuil.
Saint-Maur.
La Varenne.
Joinville.
Champigny.
Petit-Bry.
Nogent.

Pantin.
Noisy-le-Sec.

Rosny.
Villemomble.
Bondy.
Bobigny.
Drancy.
Le Bourget.
Dugny.
La Courneuve.
Aubervilliers.
Les Quatre-Chemins.

Ivry.
Vitry.
Choisy-le-Roi.
La Rue.
Thiais.
Orly.
Rungis.
Fresnes.
Chevilly.
L'Hay.
Villejuif.
Arcueil.
Gentilly.
Cachan.

Levallois-Perret.
Clichy.

Asnières.
Gennevilliers.
Ile-Saint-Denis
Epinay.
Villetaneuse.
Pierrefitte.
Stains.
Saint-Denis.
Saint-Ouen.

Saint-Mandé.
Vincennes.
Fontenay-sous-Bois
Montreuil.
Bagnolet.
Romainville.
Les Lilas.
Pré-Saint-Gervais.

Neuilly.
Courbevoie.
Colombes.
Bois-Colombes.
Nanterre.
Puteaux.
Suresnes.
Boulogne.
Billancourt.

AFFICHAGE A L'ÉCHELLE

Petite échelle 2m50.

Quart colombier	Le cent.	5	»
Demi-colombier	—	6	»
Colombier	—	9	»
Double colombier	—	12	»
Quadruple colombier	—	20	»

Grande échelle 4m.

Quart colombier	Le cent.	12	»
Demi-colombier	—	15	»
Colombier	—	18	»
Double colombier	—	22	»
Quadruple colombier	—	35	»

Grande échelle, en conservation sur les murs réservés de la ville de Paris. — Un mois.

Quart colombier	Le cent.	40	»
Demi-colombier	—	60	»
Colombier	—	80	»
Double colombier	—	120	»
Quadruple colombier	—	150	»

N. B. — On n'accepte pas de traités pour moins de 3 mois.

Téléphone.

PALISSADES DE L'EXPOSITION

Peinture sur tôles, par la Maison DEFOLY.

PEINTURE ET ENTRETIEN

à la charge de la Maison.

Panneaux	de 1^m80 hauteur	sur 4^m longueur	**300**	fr. à forfait.
—	de 1^m80 —	sur 6^m	—	**450**	—
—	de 1^m80 —	sur 8^m	—	**600**	—

Au-dessus de dix tableaux, Réduction de 10 0/0.

AFFICHAGE EN PAPIER

Le double des prix de la pose en conservation.
(Voir page 4.)

Téléphone.

KIOSQUES

ET

CHALETS LUMINEUX

DE

L'EXPOSITION UNIVERSELLE

PUBLICITÉ

SUR

62 KIOSQUES ET 40 CHALETS

éclairés à la lumière électrique dans toutes les parties éclairées à l'électricité

ET AU GAZ DANS TOUTES LES AUTRES PARTIES

PRIX POUR LA DURÉE DE L'EXPOSITION

Carreaux format colombier	**150** fr;
— d'angles	**100** —
— format 1/2 colombier en bande.	**60** —
Soubassements	**100** —

Au-dessus de 50 carreaux ou soubassements, les prix sont ramenés aux prix de :

Carreaux colombier.	**100** fr.
— d'angles.	**90** —
— 1/2 colombier.	**50** —
Soubassements	**80** —

Les clients doivent fournir les affiches ou les carreaux peints.

Peinture sur les soubassements, **10** *fr. le soubassement.*

BUFFETS PARISIENS

Les Buffets parisiens, d'un modèle très coquet et dans lesquels on vend du café, du chocolat, du lait, des sirops, des gâteaux et des oranges, seront au nombre de cinquante, environ, placés sur les grandes voies.

Voici les emplacements des vingt-trois premiers :

Plateau du Cirque d'hiver.
Place de la République.
Plateau de l'Ambigu.
Boulevard Bonne-Nouvelle, *devant la Ménagère.*
— — *devant le Gymnase.*
Boulevard de la Madeleine, *face aux omnibus.*
Luxembourg.
Square Cluny.
Tribunal de Commerce.
Place du Châtelet.
Square Saint-Jacques.
Boulevard de Sébastopol, *coin de la rue Aubry.*
— — *coin de la rue Turbigo.*
Boulevard de Strasbourg, *face aux Funambules.*
Rue de Rivoli, *place de Birague.*
Square du Temple.
Place Cadet.
Boulevard du Temple, *coin de la rue Charlot.*
Boulevard des Capucines, *rue Basse-du-Rempart.*
Boulevard Magenta, *près gare du Nord.*
— — *près gare de l'Est.*
Boulevard Sébastopol, 116.
Boulevard Malesherbes, *près Madeleine, station des tramways.*

Chaque buffet est garni de vingt carreaux destinés à recevoir des annonces format colombier. La publicité est diurne et nocturne.

Prix du grand carreau . . . . . . **70** fr. par an.
Prix des carreaux en bande 1/2 col. **40** fr. —

Soubassements, au nombre de 6 par buffet :

1m20 de large sur 1m60 de haut . . **50** fr. par an.

Fourniture des affiches pour les carreaux et des tôles peintes pour les soubassements, à la charge des clients.

Téléphone.

PUBLICITÉ AUTOMATIQUE

DANS 100 APPAREILS

PLACÉS SUR LES GRANDES VOIES DE PARIS

SYSTÈME GENTEUR

ET

MONOPOLE DE LA MAISON Ve CRESPIN AINÉ ET G. DUFAYEL

*DES ANNONCES SUR TOILE PEINTE
SE DÉROULERONT
AUTOMATIQUEMENT DEVANT LES YEUX
DU PUBLIC*

PUBLICITÉ DIURNE ET NOCTURNE

Les prix seront publiés dans le prochain catalogue.

INAUGURATION AU MOIS D'AVRIL

Pour tous renseignements, s'adresser à l'Administration, 11, 13, 15, boulevard Barbès

TÉLÉPHONE

PUBLICITÉ

AUX

MONTAGNES RUSSES

Boulevard des Capucines

RENDEZ-VOUS DU MONDE ÉLÉGANT

PEINTURE MURALE

Sur panneaux décoratifs.

Le panneau 500 francs par an.

Peintures sur tableaux fixés aux balustrades des galeries.

TABLEAU DE 3m DE LONGUEUR SUR 1m DE HAUTEUR

300 fr. par an.

PEINTURE A LA CHARGE DE L'AFFICHAGE NATIONAL

PUBLICITÉ EXCLUSIVE

A LA

BOURSE DU COMMERCE

LOCATION DE VITRINES

POUR

EXPOSITION DE PRODUITS

PEINTURE DANS LES COULOIRS ET GALERIES

ANNONCES SUR LES CHAISES

LES PRIX SERONT INDIQUÉS DANS UN PROCHAIN CATALOGUE

On peut dès à présent retenir les vitrines.

S'adresser à l'administration pour renseignements complémentaires

ÉMISSIONS

TARIF SPÉCIAL POUR LES MAISONS DE BANQUE

(Timbre non compris.)

FORMAT	N° 1	N° 2	N° 3	N° 4	N° 5	N° 6
	fr.	fr.	fr.	fr.	fr.	fr.
Quadruple Grand-Aigle	7.875	9.625	14.035	18.200	27.300	56.400
— Colombier	6.875	8.425	12.355	16.100	24.400	32.700
Double Grand-Aigle	4.875	6.025	8.995	11.900	18.600	25.300
— Colombier	4.375	5.425	8.155	10.850	17.150	23.450
Grand-Aigle	3.375	4.225	5.990	8.750	14.250	19.750
Colombier	2.750	3.450	5.310	7.200	11.800	16.400
Demi-Colombier	2.375	3.025	4.795	6.650	11.220	15.660
Quart Colombier	1.875	2.425	3.955	5.520	9.480	13.440

SERVICE N° 1. — Pose de 10,000 affiches dans 500 localités.
— N° 2. — 12,000 — 700 —
— N° 3. — 16,800 — 1,300 —
— N° 4. — 21,000 — 2,000 —
— N° 5. — 29,000 — 4,000 —
— N° 6. — 37,000 — 6,000 —

PUBLICITÉ EXCLUSIVE

AU

PAYS DES FÉES

31, avenue Rapp

PRÈS L'EXPOSITION

ON TRAITE DE GRÉ A GRÉ

RÉGIE DE « L'OFFICIEL DES THÉATRES »

NOUVEAU JOURNAL THÉATRAL QUOTIDIEN

PRIX DE LA LIGNE : DE 0 FR. 75 A 1 FR. 50
SUIVANT LES PAGES

PUBLICITÉ DANS LE MARCHÉ COUVERT
D'ANGERS

SUR DES PANNEAUX DÉCORÉS

ON TRAITE DE GRÉ A GRÉ

MURS PIGNONS

DE LA

VILLE DE PARIS

Affiches peintes depuis **10** *francs le mètre.*

EMPLACEMENTS	OBSERVATIONS
Ier ARRONDISSEMENT	
Rue de l'Arbre-Sec, 34.	
Rue de l'Arbre-Sec, 35.	*Loué.*
Rue Bertin-Poirée, 18	
Rue des Bons-Enfants, 28	
Rue des Bons-Enfants, 30	
Rue des Bons-Enfants, 31	
Rue des Bourdonnais, 34	
Rue des Deux-Écus, 15	*Loué.*
Rue des Deux-Écus, 21	
Rue des Deux-Écus, 23	
Rue Étienne-Marcel, 17	
Rue Pierre-Lescot, *coin d°*, 17	
Rue Saint-Denis, 131	
Rue de la Ferronnerie, 15.	
Rue du Harlay, 2.	
Rue du Harlay, 20	

Presque tous ces murs peuvent recevoir des toiles peintes et des affiches en papier en conservation.

EMPLACEMENTS	OBSERVATIONS
Ier ARRONDISSEMENT *(Suite).*	
Rue Jean-Lantier, 12	
Rue des Lombards, 44.	*Loué.*
Rue des Lombards, 66.	
Rue Molière, 15.	*Loué.*
Rue Molière, 9	
Rue Mondétour, 9.	
Rue Montorgueil, 3	*Loué.*
Rue Montorgueil, 28.	*Loué.*
Rue Neuve-des-Petits-Champs, 71.	*Loué.*
Rue Sainte-Opportune, 1.	*Loué.*
Rue du Pélican, 9.	
Rue du Pont-Neuf, 14-16.	*Loué.*
Rue du Pont-Neuf, 16-28.	*Loué.*
Rue des Prêcheurs, 12	*Loué.*
Rue des Prouvaires, 5.	*Loué.*
Rue des Prouvaires, 8.	*Loué.*
Rue de Rambuteau. 124	*Loué.*
Rue de la Réale, 3	*Loué.*
Rue Richelieu, 15	*Loué.*
Rue du Roule, 3	*Loué.*
Rue Saint-Denis, 52	*Loué.*
Rue Saint-Denis, 17	
Rue Saint-Denis, 113	*Loué.*
Rue Saint-Honoré, 280.	*Loué.*
Rue Villedo, 8	
Rue de la Grande-Truanderie, 19.	
Rue des Lavandières-Ste-Opportune, 1 *bis*.	
Rue des Prêtres-St-Germain-l'Auxerrois, 4.	*Loué.*
Rue des Prêtres-St-Germain-l'Auxerrois, 14	*Loué.*
Rue Vauvilliers, 15	

EMPLACEMENTS	OBSERVATIONS
Ier ARRONDISSEMENT *(Suite).*	
Rue Saint-Roch, 11	
Rue Saint-Honoré, 166.	*Loué.*
Place Sainte-Opportune, 2.	
Rue Coquillière, 7.	*Loué.*
Rue du Louvre, 20.	
Rue des Innocents, 9.	
Rue de la Ferronnerie, face rue Ste-Opportune.	
IIe ARRONDISSEMENT	
Rue du Croissant, 10	
Rue de Grammont, 11	*Loué.*
Rue de Grammont, 3	*Loué.*
Rue Ménars, 8	
Rue de la Michodière, 11.	*Loué.*
Rue de la Michodière, 20	
Rue Neuve-des-Capucines, 2-4	*Loué.*
Rue Neuve-des-Capucines, 4-6	*Loué.*
Rue Neuve-des-Petits-Champs, 64	*Loué.*
Rue Notre-Dame-des-Victoires, 28	*Loué.*
Rue Notre-Dame-des-Victoires, 32	*Loué.*
Rue Notre-Dame-des-Victoires, 40	*Loué.*
Rue Notre-Dame-des-Victoires, 42	*Loué.*
Place des Petits-Pères, 1.	
Rue Thorel, 11	*Loué.*
Rue Saint-Denis, 187	*Loué.*

EMPLACEMENTS	OBSERVATIONS
IIe ARRONDISSEMENT *(Suite).*	
Rue Sainte-Apolline, 14	
Rue Saint-Joseph, 11	
Rue Saint-Joseph, 13	
Rue de Tracy, 4.	
Rue de la Michodière, 8.	*Loué.*
Rue de la Michodière, 14	
Rue de Choiseul, 13.	
Rue de Choiseul, 12.	
Rue de Choiseul, 6	
Rue Montmartre, 80.	*Loué.*
Rue Paul-Lelong, 15.	
Rue Tiquetonne, 19	
Rue Montmartre, 41 *bis*.	
Rue Montmartre, 41	
IIIe ARRONDISSEMENT	
Rue des Archives, 5.	*Loué.*
Rue de Braque, 3.	
Rue Aumaire, 59	*Loué.*
Rue Aumaire, 26	
Rue Beaubourg, 22	
Rue Chapon, 58.	
Rue Charlot, 8	*Loué.*

EMPLACEMENTS	OBSERVATIONS
IIIe ARRONDISSEMENT *(Suit.)*.	
Rue des Francs-Bourgeois, 54	
Rue des Gravilliers, 80	
Rue des Gravilliers, 88	*Loué.*
Rue Michel-le-Comte, 13	
Rue aux Ours, 24	*Loué.*
Rue Réaumur, *angle rue Vaucanson*	
Rue Réaumur, 35	*Loué.*
Rue Saint-Martin, 154	*Loué.*
Rue Saint-Martin, 197	
Rue Saint-Martin, 201	
Rue Saint-Martin, 227	
Rue Saint-Martin, 251	*Loué.*
Rue Saint-Martin, 257	
Rue Saint-Martin, 308	*Loué.*
Rue Saint-Martin, 316	*Loué.*
Rue Saint-Martin, 321	
Rue du Temple, 80	*Loué.*
Rue du Temple, 100	
Rue du Temple, 106	
Rue du Temple, 117	*Loué.*
Rue du Temple, 161	*Loué.*
Place Thorigny, 1	*Loué.*
Rue Saint-Claude, 13	
Rue des Vertus, 25	
Rue des Vertus, 28	
Rue Volta, 1	
Rue des Fontaines, 23	
Rue Montgolfier, *angle rue du Vertbois*	
Rue de Saintonge, 25	
Rue Réaumur, 18	

EMPLACEMENTS	OBSERVATIONS
IIIe ARRONDISSEMENT *(Suite).*	
Rue Quincampoix, 81-83	
Rue Quincampoix, 83-85	
Rue Quincampoix, 85-91	
Rue Quincampoix, 91-93	
Rue des Vertus, 15.	
Rue Beaubourg, 4	
Rue Beaubourg, 96.	
Rue du Temple, 62.	
Rue Saint-Martin, 150	

EMPLACEMENTS	OBSERVATIONS
IVe ARRONDISSEMENT	
Rue Aubry-le-Boucher, 22	*Loué.*
Rue des Blancs-Manteaux, 17	
Rue des Blancs-Manteaux, 21	
Rue Cloche-Perce, 3	*Loué.*
Rue du Cloître-Notre-Dame, 10	
Rue de la Colombe, 12	
Rue François-Miron, 32	
Rue François-Miron, 64	
Rue Geoffroy-l'Asnier, 23	
Rue de l'Hôtel-de-Ville, 89	
Quai de l'Hôtel-de-Ville, 64	*Loué.*
Rue des Lombards, 26	*Loué.*
Rue de Moussi, 2	
Rue Quincampoix, 61	
Rue de la Reynie, 17	
Rue Saint-Martin, 143	*Loué.*
Rue Vieille-du-Temple, 15	
Rue de l'Ave-Maria, 7-9	
Rue Vieille-du-Temple, 9-11	
Rue de l'Ave-Maria, 17-19	
Rue Vieille-du-Temple, 50	*Loué.*
Rue des Lions, 19	
Rue Grenier-sur-l'Eau, 1	

EMPLACEMENTS	OBSERVATIONS
Ve ARRONDISSEMENT	
Rue des Anglais, 19	
Rue de Bièvre, 31	
Rue de Bièvre, 32	
Rue du Cardinal-Lemoine, 51	
Rue Champollion, 3	
Rue de Cluny, 5	
Rue de la Harpe, 57	
Rue des Prêtres-Saint-Séverin, 6	
Rue du Puits-de-l'Ermite, 19	*Loué.*
Rue Saint-Jacques, 2	
Rue Saint-Jacques, 8	
Rue Saint-Jacques, 26	
Rue Saint-Jacques, 31	
Rue Saint-Jacques, 36	
Rue Saint-Jacques, 174	
Rue Saint-Jacques, 218	*Loué.*
Rue Saint-Jacques, 223	
Rue Saint-Jacques, 352	*Loué.*
Rue du Val-de-Grâce, 2	
Rue du Val-de-Grâce, 1	
Rue de l'Abbé-de-l'Épée, *coin r. St-Jacques*	
Rue Descartes, 40	
Rue Etienne-du-Mont, 2	
Place Maubert, 12	
Rue de Valence, 5	
Rue Mouffetard, 113	
Rue Saint-Jacques, 160	
Rue Monge, 85	
Rue Daubenton 1	
Boulevard Saint-Germain, 39	

EMPLACEMENTS	OBSERVATIONS
VIe ARRONDISSEMENT	
Rue Bonaparte, 76.	
Rue de Buci, 17.	*Loué.*
Rue de l'École-de-Médecine, 3	*Loué.*
Rue du Four-Saint-Germain, 41	
Rue Madame, 3	*Loué.*
Rue Gozlin, 25	
Rue Grégoire-de-Tours, 3.	
Rue Grégoire-de-Tours, 29	*Loué.*
Rue Grégoire-de-Tours, 30	
Rue Mazarine, 2.	
Rue Monsieur-le-Prince, 41.	
Rue Saint-Benoît, 15.	
Rue Saint-Placide, 53	
Rue de Seine, 20	*Loué.*
Rue de Sèvres, 4	*Loué.*
Rue de Sèvres, 6	*Loué.*
Rue du Vieux-Colombier, 31-33	
Rue Grégoire-de-Tours, 18	
Rue du Four, 12-14	
Rue du Four, 14-16	
Rue de l'Échaudé, 8	
Rue du Four, 20	
Boulevard Saint-Germain, 135.	
Rue Grégoire-de-Tours, 25.	

EMPLACEMENTS	OBSERVATIONS
VIIe ARRONDISSEMENT	
Rue du Bac, 63	*Loué.*
Rue du Bac, 15	*Loué.*
Rue du Bac, 69	*Loué.*
Rue du Bac, 115	*Loué.*
Rue de Bourgogne, 13	
Rue Saint-Dominique, 5	
Rue Saint-Dominique, 1	
Rue de Sèvres, 14	*Loué.*
Rue Montessuy, 24	
Avenue La Motte-Piquet, 61	
Avenue La Bourdonnais, 67	
VIIIe ARRONDISSEMENT	
Rue de la Boétie, 25	*Loué.*
Rue de la Boétie, 69	*Loué.*
Rue Chauveau-Lagarde, 10 *bis*	*Loué.*
Rue Saint-Honoré, 165	*Loué.*
Rue Richepanse, 1	
Rue de la Ville-l'Évêque, 4	
Avenue d'Antin, 110	*Loué.*
Rue de la Boétie, 74	
Rue de Surène, 19	
Avenue Hoche, 16	*Loué.*
Avenue Marceau, 32	
Rue Pelouze, 4	*Loué.*
Passage Philippe-du-Roule, 2	*Loué.*

EMPLACEMENTS	OBSERVATIONS
IXe ARRONDISSEMENT	
Rue Bergère, 27.	
Rue Boudreau, 6	*Loué.*
Rue Châteaudun, 21	
Rue Choron, 4	
Faubourg Montmartre, 51	*Loué.*
Faubourg Montmartre, 59	*Loué.*
Faubourg Montmartre, 63	*Loué.*
Faubourg Poissonnière, 111	
Rue Lamartine, 52	
Boulevard Magenta, 157	*Loué.*
Rue Mayran, 5	
Rue Mayran, 7	
Rue Mayran, 9	
Rue Mayran, 11	
Rue de Provence, 101	
Rue de Provence, 83	*Loué.*
Rue Rodier, 44	
Rue Saint-Lazare, 1	*Loué.*
Rue de la Victoire, 20	
Rue de la Victoire, 48	*Loué.*
Rue de la Victoire, 54	*Loué.*
Rue Hippolyte-Lebas, 5-11	
Impasse Briare	
Rue Hippolyte-Lebas, *coin rue des Martyrs*	*Loué.*
Rue Lamartine, 43	
Rue Fontaine-Saint-Georges, 47	
Rue Blanche, 104	
Rue d'Amsterdam, 26	*Loué.*
Rue de la Victoire, 6	*Loué.*
Rue de Clichy, 83	

EMPLACEMENTS	OBSERVATIONS
Xe ARRONDISSEMENT	
Boulevard de Strasbourg, 47	*Loué.*
Faubourg Saint-Martin, 99-101	*Loué.*
Faubourg Saint-Martin. 116.	*Loué.*
Rue de la Fidélité, 3.	*Loué.*
Rue Saint-Quentin, 22	
Rue de la Fidélité, 10-12.	
Boulevard de la Villette, 139	
Boulevard de la Villette, 139	
Boulevard de la Villette, 149	
XIe ARRONDISSEMENT	
Quai Jemmapes, 30	
Rue Amelot, 46	
Rue Saint-Bernard, 39	
Rue de Charonne, 33	
Rue de la Roquette, 138	
Rue du Faubourg-du-Temple, 62	
Rue des Trois-Couronnes 38.	
Rue des Boulets, 118	
Passage Bouchardy	
Rue de la Roquette, 152.	
Rue Oberkampf et rue Crespin, 2	
Faubourg Saint-Antoine, 242	
Faubourg Saint-Antoine, 228	
Faubourg Saint-Antoine, 182	

EMPLACEMENTS	OBSERVATIONS
XIIe ARRONDISSEMENT	
Rue des Charbonniers, 25	
Rue de Rambouillet, 33	
Rue Traversière, 8.	
XIIIe ARRONDISSEMENT	
Rue Harvey.	
Rue Baudricourt, 4	
Rue de la Glacière, *coin passage Prévost* .	
Avenue d'Italie, 15.	
Boulevard de la Gare, 150	
Boulevard de la Gare, 152	

EMPLACEMENTS	OBSERVATIONS
XIVe ARRONDISSEMENT	
Rue du Faubourg-Saint-Jacques, 3	
Rue Vercingétorix, *angle avenue du Maine*.	
XVe ARRONDISSEMENT	
Rue Lecourbe, 137.	
Rue de Sèvres, 157	
Rue Violet, 43.	
Rue du Commerce, 6	
Boulevard Garibaldi, 73	
Rue Blomet, 78.	

EMPLACEMENTS	OBSERVATIONS
XVIe ARRONDISSEMENT	
Route de Versailles, 7.	
Avenue Malakoff, 2	
XVIIe ARRONDISSEMENT	
Rue Nollet, 59.	
Rue Tocqueville, 120.	
Avenue de Clichy, *coin passage Dhier*. . .	
Rue de Saussure, 78.	
Rue Truffault, 1.	
Rue Legendre, 59	
Rue Lemercier, 97.	

EMPLACEMENTS	OBSERVATIONS
XVIIIe ARRONDISSEMENT	
Rue Saint-Mathieu, 6	
Boulevard Barbès, 74	
Boulevard de Clichy, 62	
Boulevard de Clichy, 86	
Rue du Département, 61	
Boulevard Barbès, 15	
Rue Clignancourt, 30	*Loué.*
Rue de la Chapelle, 6	
XIXe ARRONDISSEMENT	
Boulevard de la Villette, 132	
Rue de Flandre, 24	
Rue de Tanger, 7	
Chaussée de Pont, 13 *bis* (Boulogne)	

Sur presque tous ces murs on peut placer des toiles peintes et des affiches en papier en conservation.

LISTE DES URINOIRS

DE LA

VILLE DE PARIS

Pouvant recevoir à l'intérieur et sur les écrans extérieurs des affiches 1/4 colombier et 1/2 colombier.

ON PEUT ÉGALEMENT FAIRE DES ANNONCES EN PEINTURE SUR LES ÉCRANS EXTÉRIEURS

TARIF

DES URINOIRS DE LA VILLE DE PARIS

PRIX PAR ANNÉE

INTÉRIEUR

TIMBRE	0.06	1/4 colombier	**3** fr.	(0.41 × 0.30).
	0.12	1/2 colombier	**5** fr.	(0.60 × 0.41).
	0.18	Colombier	**7** fr.	(0.82 × 0.60).

EXTÉRIEUR

TIMBRE	0.06	1/4 colombier. . . .	**5** fr.	(0.41 × 0.30).
	0.12	1/2 colombier. . . .	**8** fr.	(0.60 × 0.41).
	0.18	Colombier.	**12** fr.	(0.82 × 0.60).

En peinture soignée, faite par la Maison DEFOLY, depuis **15 francs** *le mètre courant, par année.*

Les droits de timbre et d'enregistrement, les attributs et les lettres or ou argent seront payés en sus des prix ci-dessus désignés.

EMPLACEMENTS	URINOIRS COUVERTS	NOMBRE D'ÉCRANS	NOMBRE D'AFFICHES
Ier ARRONDISSEMENT			
Rue Berger, *pavillon n° 6*	»	2	
Rue Berger, *pavillon n° 10*	»	2	
Rue Pierre-Lescot, *pavillon n° 12*	»	2	
Rue Rambuteau, *pavillon n° 9*	»	2	
Rue Baltard, *pavillon n° 5*	»	2	
Place du Marché-St-Honoré, *rotonde de droite côté sud*	1	3	
Place du Marché-St-Honoré, *rotonde de droite, côté nord*	1	3	
Place du Marché-St-Honoré, *rotonde de gauche, côté nord*	»	1	
Place du Marché-St-Honoré, *rotonde de gauche, côté sud*	»	1	
Rue Montpensier, 4	1	1	
Rue Montpensier, *théâtre du Palais-Royal*	1	2	
Rue Vauvilliers, *pan coupé rue des Deux-Écus*	»	2	
Rue Rambuteau, *angle du portail Saint-Eustache*	»	2	
Rue Rambuteau, *1re travée de l'église*	»	2	
Rue des Prêtres-Saint-Germain-l'Auxerrois, *École, angle de gauche*	»	1	
Rue des Prêtres-Saint-Germain-l'Auxerrois, *École, angle de droite*	»	1	
Passage Saint-Roch, *le long de l'église*	1	3	
Rue Richelieu, *Fontaine Molière*	1	2	
Rue de Valois, *Palais-Royal*	»	»	
Rue de l'Oratoire, *coin rue Saint-Honoré*	1	»	

EMPLACEMENTS	URINOIRS COUVERTS	NOMBRE D'ÉCRANS	NOMBRE D'AFFICHES
IIe ARRONDISSEMENT			
Place des Petits-Pères, *à droite du Chalet* . .	1	1	
Place de la Bourse	1	2	
IIIe ARRONDISSEMENT			
Rue Cunin-Gridaine.	1	1	
Rue du Vertbois, 5, *École Turgot*	1	2	
Rue du Vertbois, 53, *Conservatoire*.	»	1	
Place de Thorigny	»	1	
Rue Vieille-du-Temple, *Imprimerie nationale*.	»	1	
Rue des Quatre-Fils.	»	1	
Rue des Francs-Bourgeois, *Archives Nationales*	»	2	
Impasse Froissard, *coin de la rue Commines* .	1	1	
Rue Pastourelle, 31.	»	1	
Rue Perrée, *angle rue du Temple*	1	2	
Rue Ferdinand-Berthould	1	1	
Rue Ferdinand-Berthould	»	1	
Rue Saint-Gilles, *caserne des Minimes*	»	1	
Rue Saint-Gilles, *caserne des Minimes*	»	1	
Rue de Sévigné, 7	»	1	
Rue Montgolfier.	»	1	
Rue du Grenier-Saint-Lazare	»	1	
Rue de Normandie, *coin de la rue Charlot* . .	»	1	
Rue de Bretagne, *urinoir en ardoise sans écran*	»	»	
Rue des Archives, 11	»	1	
Passage Saint-Avoye.	»	2	

EMPLACEMENTS	URINOIRS COUVERTS	NOMBRE D'ÉCRANS	NOMBRE D'AFFICHES
IVe ARRONDISSEMENT			
Place des Vosges	1	2	
Rue du Renard, *coin de la rue de la Verrerie*	»	1	
Rue du Renard, 5	1	1	
Rue du Renard, 34	»	2	
Rue Taille-Pain, 6	1	2	
Rue François-Miron, 30	»	1	
Place Saint-Gervais, *caserne Napoléon*	»	3	
Place Saint-Gervais, *caserne Napoléon*	»	3	
Rue des Hospitalières-Saint-Gervais	»	1	
Rue des Hospitalières-Saint-Gervais	»	1	
Rue des Blancs-Manteaux, 42	»	1	
Quai d'Anjou, *parapet*	»	2	
Quai Bourbon	»	2	
Boulevard Bourdon, *parapet du canal*	»	3	
Quai de Béthune, *parapet face au 34*	»	1	
Impasse Guêpine, *angle de la rue de Jouy*	»	1	
Rue Poulletier, *église Saint-Louis*	»	2	
Rue Saint-Louis-en-l'Ile, *église Saint-Louis*	»	2	
Rue Saint-Louis-en-l'Ile, *église Saint-Louis*	»	2	
Rue Saint-Louis-en-l'Ile, *église Saint-Louis*	»	2	
Rue Vieille-du-Temple, *Marché des Blancs-Manteaux*	»	1	
Rue Vieille-du-Temple, *Marché des Blancs-Manteaux*	»	1	
Rue de la Verrerie, 58	»	1	
Rue Charlemagne, *près la fontaine*	»	»	

EMPLACEMENTS	URINOIRS COUVERTS	NOMBRE D'ÉCRANS	NOMBRE D'AFFICHES
Ve ARRONDISSEMENT			
Rue des Bernardins, *square Monge*	1	1	
Rue Geoffroy-Saint-Hilaire, 29	»	2	
Rue Mouffetard, 61	»	1	
Rue Mouffetard, 61	»	1	
Rue d'Arras, 12	»	3	
Rue des Écoles, 2	»	2	
Rue Gay-Lussac, 43	»	3	
Rue de Lourcine, 17	»	2	
Rue Saint-Jacques, 193	»	1	
Rue Saint-Jacques, 254	»	1	
Rue Saint-Jacques, 277	»	1	
Rue Malebranche, 19	1	3	
Rue Pascal, 12	»	1	
Rue Saint-Jacques, 36	1	2	
Rue Censier, *angle de la rue Candolle*	»	1	
Place du Panthéon	1	»	
Rue de Pontoise, *fourrière*	»	1	
VIe ARRONDISSEMENT			
Carrefour de l'Observatoire, *entrée de Bullier*	1	3	
Rue Mazarine	»	2	
Rue d'Assas, *angle de la rue de Vaugirard*	1	3	
Rue Lobineau, *marché*	1	2	
Rue Lobineau, *marché*	1	2	

EMPLACEMENTS	URINOIRS COUVERTS	NOMBRE D'ÉCRANS	NOMBRE D'AFFICHES
VIe ARRONDISSEMENT *(Suite).*			
Rue Mabillon, *marché*	1	2	
Rue Mabillon, *marché*	1	2	
Rue Clément, *marché*	1	2	
Rue Clément, *marché*	1	2	
Rue Félibien, *marché*	1	2	
Rue Félibien, *marché*	1	2	
Rue Rotrou, *Odéon*	1	2	
Rue Rotrou, *Odéon*	1	2	
Rue Corneille, *Odéon*	1	2	
Rue Corneille, *Odéon*	1	2	
Rue Madame, 12	»	1	
Rue Madame, 14	»	1	
VIIe ARRONDISSEMENT			
Rue de la Chaise, *angle de la rue Chomel*	»	2	
Esplanade des Invalides, *près la rue Fabert*	»	2	
Esplanade des Invalides, *près la rue Constantine*	»	1	
Boulevard des Invalides, *près le square*	»	2	
Rue de l'Université, 110, *fontaine*	»	2	
Rue de l'Université, 110, *fontaine*	»	1	
Rue Allent	»	1	
Rue Rousselet	1	1	
Rue Malar, *angle de la rue de l'Université*	»	2	
Rue Masseran, *angle de la rue de Sèvres*	»	1	
Esplanade des Invalides, *face de la rue de l'Université*	»	2	

EMPLACEMENTS	URINOIRS COUVERTS	NOMBRE D'ÉCRANS	NOMBRE D'AFFICHES
VIIe ARRONDISSEMENT *(Suite).*			
Rue Vanneau, *angle de la rue de Sèvres* . . .	»	1	
Rue Velpeau, *angle de la rue de Sèvres* . . .	1	1	
Rue Bertrand, *angle de la rue de Sèvres*. . .	1	1	
Rue Malar, *angle de la rue Saint-Dominique* .	1	1	
VIIIe ARRONDISSEMENT			
Cours la Reine, *marché*	»	2	
Rue de la Boétie, 25	1	3	
Rue d'Anjou, 11	1	1	
Rue de Constantinople, *place de l'Europe*. . .	»	1	
Rue de Saint-Pétersbourg, *près la nouvelle gare*.	»	1	
Place de la Madeleine, *angle de la rue Tronchet*	1	1	
IXe ARRONDISSEMENT			
Rue de la Victoire, 18.	1	1	
Rue Caumartin, 65	»	1	
Rue Caumartin, 65	»	1	
Rue de Châteaudun, 21	1	1	

EMPLACEMENTS	URINOIRS COUVERTS	NOMBRE D'ÉCRANS	NOMBRE
IXe ARRONDISSEMENT *(Suite)*			
Rue de Rochechouart, 22	»	1	
Rue Baudin, 3	1	1	
Rue Baudin, 12	1	1	
Rue Mayran, *square Montholon*	1	1	
Rue Mogador, *prolongée*	1	1	
Avenue Trudaine, *angle de la rue Rochechouart*	1	1	
Avenue Trudaine, *en face le collège Rollin*	1	1	
Rue de la Victoire, 57 et 59	1	2	
Rue Fromentin, 2	1	1	
Rue Rossini, *près Hôtel des Ventes*	»	1	
Rue d'Amsterdam, *coin passage Tivoli*	»	1	
Xe ARRONDISSEMENT			
Boulevard de Belleville, *angle du faubourg du Temple*	»	2	
Rue Bossuet, 2	1	1	
Rue de Bondy, *théâtre*	1	1	
Rue Bichat, 40	»	1	
Rue des Vinaigriers, *face au 21*	1	1	
Rue Claude-Vellefaux	»	1	
Rue d'Alsace, *gare de l'Est*	»	1	
Quai de Jemmapes	»	»	
Rue de Bondy, 40	»	1	

EMPLACEMENTS	URINOIRS COUVERTS	NOMBRE D'ÉCRANS	NOMBRE D'AFFICHES
XIe ARRONDISSEMENT			
Boulevard Voltaire, 84	1	2	
Boulevard Voltaire, *mairie*	1	2	
Place de la Bastille, 8	1	2	
Rue des Trois-Bornes, *face à la rue Gambey*	1	2	
Rues d'Angoulême et des Trois-Couronnes	»	2	
Avenue de la République, *angle de la rue de Malte*	»	4	
Rue du Marché-Popincourt	»	3	
Rue du Marché-Popincourt	»	3	
Rue de Charonne, 34	»	1	
Rue de Charonne, 47	»	1	
Rue Saint-Bernard, 31	1	1	
Rue de Charonne, 31	»	1	
Boulevard Ménilmontant, *coin rue Oberkampf*	»	2	
XIIe ARRONDISSEMENT			
Rue de Lyon, *en face le théâtre Parisien*	1	1	
Quai de la Râpée, *face au 10*	»	2	
Boulevard de la Contrescarpe, *en face la rue de Lyon*	»	2	
Avenue du Trône, 2	»	2	
Boulevard Diderot, 40, *angle de l'avenue Daumesnil*	1	2	
Boulevard Diderot, 41	»	2	

EMPLACEMENTS	URINOIRS COUVERTS	NOMBRE D'ÉCRANS	NOMBRE D'AFFICHES
XIIe ARRONDISSEMENT *(Suite).*			
Boulevard Diderot, 75	1	2	
Avenue de Saint-Mandé, *angle de l'avenue du Rendez-Vous*	1	2	
Avenue Daumesnil, *angle de la rue Rambouillet*	»	2	
Place d'Aligre, *marché couvert*	»	1	
Place d'Aligre, *marché couvert*	»	1	
Rue de Charenton, 48	1	3	
Rue de Charenton, 87	»	1	
Rue de Charenton, 87 *bis*	»	1	
Rue de Charenton, 191	»	1	
Rue Moreau, 15	»	2	
Boulevard Picpus, *près du Cours de Vincennes*	»	1	
Rue de Reuilly, 123	1	1	
Rue Proudhon, *pont du chemin de fer*	»	1	
Rue de Montreuil, *poste de police*	»	1	
Rue Proudhon, *pont du chemin de fer*	»	1	
Rue Proudhon, *pont du chemin de fer*	»	1	
Rue Proudhon, *pont du chemin de fer*	»	1	
XIIIe ARRONDISSEMENT			
Avenue de Choisy, 211	»	1	
Place Jeanne-d'Arc, *plateau planté*	»	2	
Place Jeanne-d'Arc, *plateau planté*	»	2	
Rue Coypel, *marché Ferrère*	»	3	

EMPLACEMENTS	URINOIRS OCUVERTS	NOMBRE D'ÉCRANS	NOMBRE D'AFFICHES
XIIIe ARRONDISSEMENT *(Suite).*			
Quai de la Gare, 147	»	2	
Rue de la Maison-Blanche, 18.	»	2	
Rue Philippe-de-Champagne, *marché*.	»	3	
Rue Tolbiac, *chapelle Bréa*	»	1	
Rue Croulebarbe	»	1	
Rue du Moulinet, 20	»	1	
Rue Baudricourt, 37	»	1	
XIVe ARRONDISSEMENT			
Avenue du Maine, 106	»	1	
Chaussée du Maine, 66	»	2	
Chaussée du Maine, 77	»	2	
Chaussée du Maine, 230.	»	2	
Chaussée du Maine, *marché*.	»	2	
Boulevard Edgar-Quinet, 2	»	2	
Avenue du Maine, *angle de la rue de Vaugirard*	1	2	
Rue Blottières, *passage à niveau*.	»	1	
Rue Couesnon, *angle de la rue du Château*. .	»	1	
Rue Daguerre, *angle de la rue Boulard* . . .	»	3	
Rue Daguerre, 64.	»	2	
Rue du Champ-d'Asile, *avenue du Maine*. . .	»	3	
Rue du Champ-d'Asile, *porte du cimetière* . .	»	3	
Place Denfert-Rochereau, *Ponts et Chaussées* .	»	3	

EMPLACEMENTS	URINOIRS COUVERTS	NOMBRE D'ÉCRANS	NOMBRE D'AFFICHES
XIVe ARRONDISSEMENT *(Suite).*			
Place Denfert-Rochereau, *Ponts et Chaussées* .	»	3	
Boulevard Edgar-Quinet, *cimetière*	»	3	
Rue du Faubourg-Saint-Jacques, *rue Cochin* .	»	2	
Avenue du Maine, *pont du chemin de fer* . . .	»	2	
Place de Montrouge, *angle de l'avenue du Maine*	»	2	
Place de Montrouge, *école rue Boulard*	1	3	
Avenue Montsouris, *escalier de la rue des Artistes*	»	3	
Avenue Montsouris, *escalier de la rue de l'Aude*	»	3	
Avenue Reille, *angle de la rue Saint-Yves* . .	»	3	
Rue de la Tombe-Issoire, *pont du chemin de fer*	»	3	
Rue Vandamme, *face à la rue du Moulin-de-Beurre*	»	2	
Rue Vercingétorix, *angle de la rue du Moulin-Vert*	»	1	
Rue des Plantes, *carrefour de la rue du Moulin-Vert*	»	3	
Rue Bénard, 47	»	1	
Avenue d'Orléans, *église*	»	2	
Rue de Vanves, *coin avenue Villemain*	»	1	
Rue d'Alésia, *angle de la rue des Plantes* . . .	»	1	
Boulevard Saint-Jacques, 3	»	2	
Boulevard Saint-Jacques, 59	»	2	
Avenue du Maine, *pont du chemin de fer* . . .	»	1	

EMPLACEMENTS	URINOIRS COUVERTS	NOMBRE D'ÉCRANS	NOMBRE D'AFFICHES
XVe ARRONDISSEMENT			
Rue Cambronne, *angle de la rue de Vaugirard*.	1	1	
Quai de Javel, *place du pont de Grenelle*. . .	1	1	
Rue Saint-Charles, *angle de la rue de Javel*. .	1	1	
Avenue de Breteuil, *en face la rue Eble* . . .	»	2	
Avenue de Breteuil, *près la rue d'Estrées* . .	»	2	
Place du Commerce	»	2	
Église de Grenelle, *derrière*	»	1	
Rue Maublanc, 1	1	1	
Rue Lecourbe, *cimetière*.	»	1	
Avenue de Breteuil, 84, *au coin de la rue de Sèvres*	»	1	
XVIe ARRONDISSEMENT			
Rue de Lafontaine, *entre les rues Donizetti et d'Auteuil*	1	1	
Avenue Kléber, *angle de la rue de Longchamps*.	1	1	
Avenue de la Grande-Armée, *porte de Neuilly*	1	2	
Avenue de Versailles, *près de la porte de Saint-Cloud*	»		
Avenue Henri-Martin, *angle de l'avenue Victor-Hugo*.	»	2	
Boulevard Montmorency, *près la gare de Ceinture*	»	1	
Place de l'Annonciation, *en face le 9*.	1	1	

EMPLACEMENTS	URINOIRS COUVERTS	NOMBRE D'ÉCRANS	NOMBRE D'AFFICHES
XVIe ARRONDISSEMENT *(Suite).*			
Rue Franklin, *touchant le square du Trocadéro, face au 25*	»	1	
Quai de Passy, *rond-point de Grenelle*	»	2	
Rue Boislevent, *marché de Passy*	1	1	
Rue Van-Loo, *angle quai d'Auteuil*	»	1	
Boulevard Montmorency, *gare de Ceinture*	»	1	
XVIIe ARRONDISSEMENT			
Avenue des Ternes, 89, *face au dépôt des omnibus*	1	1	
Avenue de Wagram, *angle du boulevard de Courcelles*	1	2	
Avenue de Wagram, *angle de la rue Poncelet.*	»	2	
Boulevard des Batignolles, *face au Théâtre*	»	2	
Rue des Batignolles, *angle de la rue Legendre*	1	2	
Avenue de Clichy, 139	»	1	
Rue Fourneyron, *angle de la rue Brochant*	1	1	
Rue Lemercier, *marché*	»	1	
Rue de Rome, *angle de la rue Cardinet*	1	1	
Porte de Courcelles, *extra-muros*	»	1	
Avenue Niel, *angle de la rue Bayen*	1	1	
Avenue de la Grande-Armée, *porte de Neuilly.*	1	2	
Rue Cardinet, *coin Messageries ouest*	1	»	
Porte de Clichy, *extra-muros*	1	»	

EMPLACEMENTS	URINOIRS COUVERTS	NOMBRE D'ÉCRANS	NOMBRE D'AFFICHES
XVIIIe ARRONDISSEMENT			
Boulevard Barbès, 42, *en face la rue Custine*	1	1	
Rue de Torcy, *marché de la Chapelle*	1	2	
Place des Abbesses, *mairie*	»	2	
Boulevard de Clichy, 13, *face place Pigalle*	»	2	
Boulevard de Clichy, 75, *en face le cimetière*	»	2	
Boulevard de Clichy, 74, *près la place Blanche*	»	2	
Boulevard Rochechouart, 20	»	2	
Boulevard Rochechouart, 46, *près la rue Rochechouart*	»	2	
Boulevard Rochechouart, *en face le collège Rollin*	»	2	
Boulevard Rochechouart, 120, *angle de la rue*	»	2	
des Martyrs	»	2	
Boulevard de la Chapelle, *angle de la rue Château-Landon*	»	2	
Boulevard de la Chapelle, 52	»	2	
Boulevard de la Chapelle, 39	»	2	
Place Dancourt, *face au Théâtre*	1	2	
Rue de la Chapelle, 57	»	1	
Rue du Département, *angle de la rue Pajol*	»	1	
Rue Ronsard, *nord du marché Saint-Pierre*	»	1	
Rue Ronsard, *sud du marché Saint-Pierre*	»	1	
Rue Saint-Éleuthère, *mur de l'église Saint-Pierre*	»	2	
Boulevard Ney, *angle du boulevard Ornano*	»	3	
Rue Riquet, *angle de la rue Pajol*	»	1	
Rue de Torcy, *marché de la Chapelle*	»	1	
Rue de Torcy, *marché de la Chapelle*	»	2	
Boulevard Ornano, *coin rue Championnet*	1	»	
Carrefour du boulevard Ornano et du boulevard Barbès	1	»	
Rond-point de la Chapelle	1	»	

EMPLACEMENTS	URINOIRS COUVERTS	NOMBRE D'ÉCRANS	NOMBRE D'AFFICHES
XIXe ARRONDISSEMENT			
Rue de Flandre, *en face la rue Bouvet, 191*	1	1	
Rue Bolivar, *angle de la rue de Belleville*	1	1	
Boulevard de la Villette, *en face le 135*	»	2	
Boulevard de la Villette, *bureau des tramways du Trône*	»	2	
Boulevard de la Villette, *en face la rue de Meaux*	»	2	
Boulevard de la Villette, *en face la rue de Rébeval*	»	2	
Boulevard de la Villette, *en face la rue Curial*	»	2	
Rue de Meaux, *marché de la Villette*	»	2	
Rue Manin, *angle de la rue Secrétan*	»	2	
Boulevard de la Villette, 117	»	2	
Boulevard de la Villette, 204 *bis*	»	2	
Quai de la Gironde, *angle de la rue Cambrai*	»	3	
Rue d'Allemagne, *pont du chemin de fer de Ceinture*	»	3	
Rue d'Allemagne, *pont du chemin de fer de Ceinture*	»	3	
Rue de Crimée, 142	»	2	
Rue de Flandre, *pont du chemin de fer de Ceinture*	»	2	
Rue de Flandre, *mur des fortifications*	»	3	
Rue de Joinville, *angle de la rue Joumard*	»	3	
Rue Petit, *chemin de fer de Ceinture*	»	2	
Rue d'Allemagne, *pont du chemin de fer*	»	1	
Rue d'Allemagne, *pont du chemin de fer*	»	1	
Quai de Seine, *coin de la rue de Crimée*	»	1	
Quai de Seine, *en face le 51*	»	1	
Quai de la Loire, *en face le 24*	»	1	
Quai de la Loire, *en face le 66*	»	1	
Quai de la Loire, *en face le 98*	»	1	

EMPLACEMENTS	URINOIRS COUVERTS	NOMBRE D'ÉCRANS	NOMBRE D'AFFICHES
XXe ARRONDISSEMENT			
Rue du Jourdain	1	1	
Cours de Vincennes, 1.	»	2	
Cours de Vincennes, 12	»	2	
Cours de Vincennes, 40	»	2	
Cours de Vincennes, 51	»	2	
Porte de Vincennes, *mur des fortifications*.	1	2	
Place Saint-Blaise	»	2	
Rue des Cendriers, 35.	»	1	
Rue de l'Ermitage, 2	»	2	
Rue de la Mare, 2	»	3	
Rue de la Mare, 16	»	1	
Rue du Télégraphe, 38	»	1	
Rue de la Villette, 4.	»	1	
Rue Vitruve, *école*.	»	1	
Rue des Pyrénées, *angle de la rue Levert*	»	»	
Rue Emery, *le long du marché*.	»	»	
Cours de Vincennes, 35	»	2	
Rue des Cendriers, 35.	»	1	
Rue de Belleville, 268.	»	3	

LISTE
DES
MURS RÉSERVÉS
A L'AFFICHAGE EN CONSERVATION

EMPLACEMENTS	NOMBRE D'AFFICHES
Ier ARRONDISSEMENT	
Rue du Plat-d'Étain, 9	
Place Sainte-Opportune, 2	
Rue des Deux-Écus, 21	
Rue des Deux-Écus, 23	
Rue Saint-Germain-l'Auxerrois, 11	
Rue Jean-Lantier, 18	
Rue Jean-Lantier, *face rue des Orfèvres*	
Rue Bertin-Poirée, 18, *école laïque*	
Rue des Bons-Enfants, 28	
Rue des Bons-Enfants, 29, *derrière la Banque*	
Rue de la Ferronnerie, 15	
Rue Jean-Lantier, 12	
Rue des Lavandières-Sainte-Opportune, 1 bis, *angle quai de la Mégisserie*	
Rue des Lombards, 64	
Rue Molière, 9	
Rue du Pélican, 9, *angle de la rue Croix-des-Petits-Champs*	
Rue des Prêcheurs, 12, *angle de la r. Pierre-Lescot*	

EMPLACEMENTS	NOMBRE D'AFFICHES
Ier ARRONDISSEMENT *(Suite).*	
Rue des Prêtres-Saint-Germain-l'Auxerrois, 4	
Rue des Prêtres-Saint-Germain-l'Auxerrois, 14	
Rue de Richelieu, 15, *angle de la place du Théâtre-Français*	
Rue Saint-Denis, 52, *angle de la rue Berger* . . .	
Rue Villedo, 8, *face à la rue Richelieu*.	
Rue Coquillière, 18.	
Rue Courtalon, 1.	
Place Sainte-Opportune, 4 (bis).	

EMPLACEMENTS	NOMBRE D'AFFICHES
IIe ARRONDISSEMENT	
Rue du Croissant, 12	
Rue de la Michodière, 20, *face au boul. des Italiens*	
Place des Petits-Pères, 1	
Rue Saint-Joseph, 9	
Rue Saint-Joseph, 13	
Rue de Grammont, 11	
Rue Notre-Dame-des-Victoires, 44	
Rue de Cléry, 64	
Rue Guérin-Boisseau, *coin de la rue Palestro*	
Rue Beaujolais, 16	
Rue Paul-Lelong, 15	
Rue Saint-Denis, 162	
Rue Saint-Denis, 164	
Rue du Croissant, 7	
Rue Notre-Dame-de-Recouvrance, 9	
Rue Beauregard, 54	
Rue Tiquetonne, 19	
Rue Tiquetonne, 23	
Rue Greneta, 8	
Rue des Degrés, *coin de la rue de Cléry*	
Rue Vivienne *(Palissades)*	
Rue Saint-Joseph, 1	

EMPLACEMENTS	NOMBRE D'AFFICHES
IIe ARRONDISSEMENT	
Rue de Braque, 3, *angle de la rue des Archives* . .	
Rue des Fontaines, 23, *angle de la rue Turbigo* . .	
Rue des Gravilliers, 80	
Rue Saint-Martin, 197	
Rue Saint-Martin, 227, *angle de la rue Turbigo* . .	
Rue Saint-Martin, 257, *Arts-et-Métiers*	
Place de Thorigny, 1	
Rue des Vertus, 25, *angle de la rue Réaumur* . . .	
Rue des Vertus, 28, *angle de la rue Réaumur* . . .	
Rue de Beauce, *coin de la rue Pastourelle*	
Rue Pastourelle, 8	
Rue Réaumur, 18	
Rue de Normandie, 2	
Rue de Normandie, 4	
Rue de Normandie, *coin de la rue de Turenne* . .	
Rue des Tournelles, 35	
Rue des Tournelles, *près la rue des Minimes* . . .	
Rue Aumaire, 9	
Rue Brantôme, *angle rue Beaubourg*	
Rue des Vertus, 15	
Rue Aumaire, 7	
Rue Villehardouin, *coin rue Saint-Gilles*	
Rue Saint-Giles, *coin rue Villehardouin*	
Rue de Beauce, *coin rue Pastourelle*	
Rue de Picardie, 3	
Rue de Picardie, 5	
Rue de Saintonge, 25	

EMPLACEMENTS	NOMBRE D'AFFICHES
IIIe ARRONDISSEMENT *(Suite).*	
Rue des Quatre-Fils, 12.	
Impasse Saint-Claude, 4.	
Rue de Bretagne, 39, *marché des Enfants-Rouges.*	
Rue Michel-le-Comte, 13	
Rue Payenne, 18.	
Rue du Grenier-Saint-Lazare, 20.	
Rue des Fontaines, 5	
Rue Réaumur, 35	
Rue Vaucanson, 1.	
Rue des Quatre-Fils, 8	
Rue des Archives, 5.	
Rue Aumaire, 1.	
Rue Saint-Martin, 137.	
Rue des Francs-Bourgeois, 30	
Rue Volta 47.	
Rue Beaubourg, 4	
Rue de Saintonge, 19	
Rue Grenier-Saint-Lazare, 16	
Rue des Fontaines, 5	
Rue Volta, 3.	
Rue Quincampoix, 81	
Rue Quincampoix, 83.	
Rue Quincampoix, 85.	
Rue Quincampoix, 89	
Rue Quincampoix, 91	
Rue Quincampoix, 93.	

EMPLACEMENTS	NOMBRE D'AFFICHES

EMPLACEMENTS	NOMBRE D'AFFICHES.
IVe ARRONDISSEMENT	
Rue Aubry-le-Boucher, 22, *face au boulevard Sébastopol*	
Rue des Blancs-Manteaux, 17	
Rue des Blancs-Manteaux, 23	
Rue du Cloître-Notre-Dame, 10	
Rue François-Miron, 32.	
Rue François-Miron, 66.	
Rue Geoffroy-L'Asnier, 23, *école laïque*.	
Rue de l'Hôtel-de-Ville, 89, *angle de la rue du Pont-Louis-Philippe*.	
Rue de Moussi, 2, *angle de la rue de la Verrerie*	
Rue Quincampoix, 61.	
Rue de la Colombe, 12.	
Rue de l'Ave-Maria, 7 et 9	
Rue de Venise, *coin de la rue Saint-Martin*. . .	
Rue Pierre-au-Lard, 14	
Rue Saint-Merri, 22.	
Rue des Étuves, 2	
Rue de la Cerisaie, 9.	
Rue de la Cerisaie, *face 8*.	
Rue de la Cerisaie, pan coupé.	
Rue de l'Arsenal, *face rue Jacques-Cœur*.	
Rue Grenier-sur-l'Eau, 1	
Rue Geoffroy-L'Asnier, *coin de la rue Grenier-sur-l'Eau*	
Rue des Lions, 19	
Rue Aubriot, 12	
Rue Geoffroy-L'Angevin, 19.	
Rue des Étuves-Saint-Martin, 8	
Rue d'Ormesson, *angle de la rue de Sévigné*. . . .	

EMPLACEMENTS	NOMBRE D'AFFICHES.
IVe ARRONDISSEMENT *(Suite)*	
Rue Grenier-sur-l'Eau, *angle de la rue du Pont-Louis-Philippe*	
Rue Beautreillis, 28.	
Rue des Jardins-Saint-Paul, 24.	
Rue du Prévôt, 9	
Rue du Fauconnier, 5.	
Rue Charlemagne, 9	
Rue de la Verrerie, 43	
Rue Saint-Merri, 10.	
Rue de l'Hôtel-de-Ville, 91	
Rue Charlemagne, 16.	
Rue Quicampoix, 22, *angle rue la Reynie*.	
Rue Brise-Miche, 24	
Rue Saint-Martin, 137.	

EMPLACEMENTS	NOMBRE D'AFFICHES
Ve ARRONDISSEMENT	
Rue des Anglais, 13, *angle du boul. Saint-Germain.*	
Rue du Cardinal-Lemoine, 51, *angle de la r. Monge.*	
Rue Champollion, 3, *angle de la rue des Écoles.*	
Rue de Cluny, 5, *square Cluny*	
Rue Saint-Jacques, 2, *fontaine Saint-Séverin* . . .	
Rue Saint-Jacques, 36 *(théâtre Cluny)*	
Rue Saint-Jacques, 174, *angle de la rue Soufflot.*	
Rue Saint-Jacques, 223, *angle de la rue Gay-Lussac*	
Rue de l'Abbé-de-l'Épée, *coin rue Saint-Jacques.* .	
Rue du Val-de-Grâce, 1.	
Rue du Val-de-Grâce, 4	
Rue des Prêtres-Saint-Séverin, 6.	
Rue de la Collégiale, *coin de la rue Vésale.* . . .	
Rue Vésale, *coin de la rue Scipion*	
Rue du Fer-à-Moulin *(Boulangeries centrales).* . .	
Rue des Fossés-Saint-Marcel, *pan coupé*	
Rue Geoffroy-Saint-Hilaire, *face au Jardin des Plantes*	
Rue Geoffroy-Saint-Hilaire *(Hospice de la Pitié).* .	
Rue Saint-Jacques, 160	
Rue des Écoles, *coin de la rue Saint-Jacques* . .	
Rue des Écoles, *pan coupé*	
Rue des Écoles, *pan coupé*	
Rue des Écoles, *palissade*	
Rue des Écoles, *face rue de Cluny.*	
Rue des Écoles, *face rue de Cluny.*	
Rue des Écoles, *face rue de Cluny.*	
Rue des Écoles, *face au n° 56.*	
Rue des Écoles, *face au n° 56.*	
Rue des Écoles, *face au n° 56.*	

EMPLACEMENTS	NOMBRE D'AFFICHES
Ve ARRONDISSEMENT *(Suite)*.	
Rue des Écoles, *coin rue de la Sorbonne*.	
Rue des Écoles, *coin rue de la Sorbonne*.	
Rue des Écoles, *coin rue de la Sorbonne*.	
Rue Saint-Jacques, *coin rue des Écoles*.	
Rue Saint-Jacques, *coin rue des Écoles*.	
Rue Saint-Jacques, *coin rue des Écoles*.	
Rue Saint-Jacques, *palissade*	
Rue Saint-Jacques, *face au Collège de France* . .	
Rue Saint-Jacques, *face au Collège de France* . .	
Rue de la Sorbonne, *coin rue des Écoles*.	
Rue de la Sorbonne, *coin rue des Écoles*.	
Rue de la Sorbonne, *coin rue des Écoles*.	
Rue de la Sorbonne, *face au n° 6*	
Rue de la Sorbonne, *face au n° 6*.	
Rue de la Sorbonne, *face au n° 8*.	
Rue de la Sorbonne, *face au n° 8*.	
Place du Petit-Pont, *coin rue de la Bûcherie* . . .	
Place du Petit-Pont, *coin du quai Montebello*. . .	
Rue de la Bûcherie, *Hôtel-Dieu*	
Rue de la Bûcherie, *coin rue du Fouarre*	
Rue de la Collégiale, *pan coupé*.	
Rue du Fer-à-Moulin *(amphithéâtre d'anatomie)*. .	
Rue du Fouarre, *coin rue de la Bûcherie*.	
Rue Geoffroy-Saint-Hilaire, *près la place*.	
Rue du Fer-à-Moulin, *face à la Halle au cuir* . .	
Quai Montebello, *face à Notre-Dame*.	
Rue d'Ulm, 2.	
Rue d'Ulm, *coin rue de l'Estrapade*	
Rue des Écoles, 2	
Rue de Valence, 5	

EMPLACEMENTS	NOMBRE D'AFFICHES
Ve ARRONDISSEMENT *(Suite)*.	
Rue Mouffetard, 113	
Rue Saint-Étienne-du-Mont	
Rue Saint-Jacques, 26	
Rue de la Huchette, 1	
Rue de l'École-Polytechnique, 8	
Rue Saint-Médard, *angle rue Gracieuse*	
Rue Gracieuse, *angle rue Lacépède*	
Rue Lacépède, 27	
Rue Lacépède, 50	
Rue du Clos-Bruneau, 11	
Impasse des Bœufs, *coin rue de l'École-Polytechnique.*	
Rue Poliveau, 44, *coin rue Geoffroy-Saint-Hilaire.*	
Rue du Gril, 1, *angle rue Daubenton*	
Rue des Lyonnais, 1	
Rue de Lourcine, 43	
Rue des Bernardins, 17	
Rue Daubenton, 1	
Rue Poliveau, 2	
Rue du Cardinal-Lemoine, 75	
Place Maubert, *coin rue Monge*	
Boulevard Saint-Germain, 39	

EMPLACEMENTS	NOMBRE D'AFFICHES
VIe ARRONDISSEMENT	
Rue Grégoire-de-Tours, 3, *angle de la rue de Buci.*	
Rue Grégoire-de-Tours, 29, *angle du boulevard Saint-Germain*	
Rue Grégoire-de-Tours, 30, *angle du boulevard Saint-Germain*	
Rue Madame, 13, *angle de la r. du Vieux-Colombier.*	
Rue Mazarine, 2, *angle de la rue de Seine*	
Rue Monsieur-le-Prince, 41, *angle de la rue Racine.*	
Rue Saint-Benoît, 15, *angle du boul. St-Germain.* .	
Rue Saint-Placide, 53	
Rue Saint-Placide, 55.	
Rue du Four, 41	
Rue de Rennes, 117, *École municipale*	
Rue de l'Échaudé, 8	
Rue de l'Échaudé-Saint-Germain, 20	
Rue Notre-Dame-des-Champs, 98.	
Rue Mazet, 11	
Boulevard Montparnasse, 143	
Rue Grégoire-de-Tours, 33	
Rue Cassette, 24	
Rue Mazarine, 16.	
Rue de la Grande-Chaumière, *coin de la rue Notre-Dame-des-Champs*	
Rue de la Grande-Chaumière, 2	
Rue Jacob, *Hôpital de la Charité*	
Rue Jacob, *près la rue des Saints-Pères*	
Rue des Ciseaux, 2.	
Rue d'Assas, 49.	

EMPLACEMENTS	NOMBRE D'AFFICHES
VIe ARRONDISSEMENT *(Suite).*	
Rue de Rennes, 118	
Rue Mazarine, 10.	
Boulevard Montparnasse, 5	
Boulevard Montparnasse, 133.	
Rue de Fleurus, 46, *coin Notre-Dame-des-Champs.*	
Rue de Rennes, 98.	
Rue de Rennes, 100	
Rue Racine, 8	
Boulevard Saint-Germain, *coin rue de l'Éperon* . .	

EMPLACEMENTS	NOMBRE D'AFFICHES
VIIe ARRONDISSEMENT	
Rue du Bac, 15.	——
Rue du Bac, 115, *devant le Bon Marché*.	——
Rue de Bourgogne, 13, *devant la Chambre des Députés*	——
Rue Saint-Dominique, 5.	——
Rue d'Estrées, 5	——
Rue d'Estrées, 7	——
Rue Pierre-Leroux, 9.	——
Avenue de la Bourdonnais, *face rue Montessuy*. .	——
Avenue de la Bourdonnais, *face rue de Grenelle*.	——
Avenue de la Bourdonnais, *face rue de l'Université*.	——
Avenue de la Bourdonnais, *face rue Camou* . . .	——
Avenue de la Bourdonnais, *face avenue Rapp*. . .	——
Avenue de la Bourdonnais, *face rue Saint-Dominique*	——
Avenue de la Bourdonnais, *face rue du Champ-de-Mars*	——
Avenue de la Bourdonnais, *face avenue Bosquet*. .	——
Avenue de la Bourdonnais, *face avenue Duquesne*.	——
Avenue La Motte-Piquet, *face École-Militaire*. . .	——
Avenue La Motte-Piquet, *face quartier cavalerie*. .	——
Avenue La Motte-Piquet, *face quartier infanterie*.	——
Avenue La Motte-Piquet, *face quartier artillerie*. .	——
Avenue La Motte-Piquet, *face École supérieure de guerre*.	——
Rue Valadon, 1.	——
Rue Valadon, 3.	——
Avenue La Motte-Piquet, 38	——
Avenue de Suffren, *coin avenue La Motte-Piquet* .	——
Avenue La Motte Piquet, *coin avenue Suffren* . . .	——

EMPLACEMENTS	NOMBRE D'AFFICHES
VIIe ARRONDISSEMENT *(Suite).*	
Avenue de Suffren, *face rue Dupleix*	
Avenue de Suffren, *face rue Fédération*	
Avenue de Suffren, *face rue de Presle*	
Avenue de Suffren, *face rue Desaix*	
Avenue de Suffren, *coin quai d'Orsay*	
Rue de Grenelle, 172, *coin rue Amélie*	
Rue Amélie, 20	
Rue Saint-Dominique, 102	
Passage Landrieu, *angle rue Saint-Dominique*	
Rue Valadon, 2, *angle rue de Grenelle*	
Rue Pierre-Leroux, 12	
Rue Pierre-Leroux, 14	
Rue Vaneau, 65	
Rue de Varennes, 32	
Rue Rousselet, 34	
Avenue La Motte-Piquet, face Invalides	
Avenue La Motte-Piquet, face Invalides	
Avenue La Motte-Piquet, face Invalides	
Esplanade des Invalides	
Esplanade des Invalides	
Esplanade des Invalides	
Rue Fabert	
Rue d'Iéna	
Rue de Grenelle, face Invalides	
Rue de la Comète, 18	
PALISSADES DE L'EXPOSITION, 200 cadres	

EMPLACEMENTS	NOMBRE D'AFFICHES
VIIIe ARRONDISSEMENT	
Avenue d'Antin, 6.	
Rue du Faubourg-Saint-Honoré, 165, *angle de l'avenue Friedland*	
Rue de Ponthieu, 11, *angle de l'avenue d'Antin.*	
Rue Richepanse, 1, *angle de la rue Saint-Honoré.*	
Rue de Surène, 20.	
Rue de Surène, 22.	
Rue François Ier, *coin de la rue Pierre-Charron.*	
Rue de Surène, *face au 19*	
Rue de Surène, *face au 23*	
Rue de Rome, 25.	
Faubourg Saint-Honoré, 161.	
Rue Daru, 2, *angle faubourg Saint-Honoré* . . .	
Avenue Hoche, 16, *angle faubourg Saint-Honoré.*	
Boulevard de Courcelles, 19.	
Impasse Damy, *coin rue du Rocher*	
Rue Pierre-Charron, 6.	
Rue des Écuries-d'Artois, 27	
Rue d'Édimbourg, 19.	
Rue Roquépine 7.	
Rue de la Boétie, 25	

EMPLACEMENTS	NOMBRE D'AFFICHES
VIIIe ARRONDISSEMENT *(Suite).*	

EMPLACEMENTS	NOMBRE D'AFFICHES
IXe ARRONDISSEMENT	
Rue Boudreau, 6, *devant l'Éden-Théâtre*	
Rue de Châteaudun, 21, *angle de la rue Laffitte*	
Rue du Faubourg-Poissonnière, 111	
Rue Mayran, 5, *square Montholon*	
Rue Mayran, 7	
Rue Mayran, 9	
Rue Mayran, 11, *angle de la rue Rochechouart*	
Rue Saint-Lazare, 1, *église Notre-Dame-de-Lorette*	
Rue de la Victoire, 54	
Rue Lamartine, 52	
Rue Hippolyte-Lebas, 5, 7, 11	
Rue Rodier, 44	
Rue Milton, 31	
Rue Milton, 33	
Rue Choron, *face marché*	
Rue Lamartine, 43	
Rue Choron, 8	
Rue Choron, 20	
Rue Choron, 22	
Boulevard de Clichy, 43	
Boulevard de Clichy, 45	
Place Bréda, 12	
Impasse Briare	
Rue Faubourg-Poissonnière, *coin boulev. Magenta*	
Boulevard Magenta, *coin Faubourg-Poissonnière*	
Rue de la Victoire, 46	
Rue de la Victoire, 48	
Rue de Maubeuge, 25	
Boulevard Rochechouart, 7	
Boulevard Rochechouart, 9	

EMPLACEMENTS	NOMBRE D'AFFICHES
IXe ARRONDISSEMENT *(Suite).*	

EMPLACEMENTS	NOMBRE D'AFFICHES
Xe ARRONDISSEMENT	
Rue Guy-Patin, *coin du boul. de la Chapelle* . .	
Boulevard de la Chapelle, *hôpital Lariboisière* . .	
Boul. de la Chapelle, *face à la r. de la Charbonnière*	
Rue de Maubeuge, *coin du boulevard de la Chapelle*	
Boulevard de la Chapelle, 9.	
Boulevard de la Chapelle, 11	
Rue de Maubeuge, *face à l'ent. des Messag. du Nord*	
Rue Guy-Patin, *près rue Ambroise-Paré*	
Boulevard de la Chapelle, *coin rue Maubeuge* . .	
Boulevard de la Chapelle, *coin rue Guy-Patin* . .	
Rue de Maubeuge, *pan coupé du boulevard* . . .	
Rue Guy-Patin, *pan coupé du boulevard*.	
Rue Grange-aux-Belles, *coin rue Bichat*	
Rue Bichat, *coin de la rue Grange-aux-Belles* . .	
Rue Saint-Maur, *coin de la rue Claude-Vellefaux* .	
Rue Saint-Maur, *pan coupé*	
Rue Saint-Quentin, 22	
Rue Saint-Maur, 235	
Rue Claude-Vellefaux, *pan coupé*	
Rue Claude-Vellefaux, *coin rue Saint-Maur*. . . .	
Rue Alibert, *coin rue Bichat*	
Rue Saint-Maur, 237	
Rue Guy-Patin, *près le boulevard de la Chapelle* .	
Rue Claude-Vellefaux, 66	
Rue Vicq-d'Azir, 16.	
Rue Vicq-d'Azir, 18	
Rue Vicq-d'Azir, 20.	
Rue Albouy, 26	
Rue des Vinaigriers, 25.	

EMPLACEMENTS	NOMBRE D'AFFICHES
Xe ARRONDISSEMENT *(Suite).*	
Boulevard de la Villette, 131	
Quai Jemmapes, *coin boulevard de la Villette* . . .	
Rue de Valenciennes, 8.	
Rue de Valenciennes, 10	
Rue des Écluses-Saint-Martin, 42	
Quai Valmy, 199	
Quai Valmy, 105	
Rue Albouy, 28	
Passage Feuillet, *coin rue des Écluses*	
Rue Grange-aux-Belles, 26.	
Rue Louis-Blanc, 33	
Rue du Terrage, 15	
Rue Philippe-de-Girard, 8.	
Rue du Canal-Saint-Martin, 17	
Rue Bichat, 71.	
Boulevard de la Villette, 119	
Rue des Messageries, 22	
Faubourg Saint-Martin, 230	
Rue de Château-Landon, *coin rue Lafayette* . . .	
Rue Lafayette, 180	
Rue de Château-Landon, 18	
Rue de l'Aqueduc 65.	
Faubourg Saint-Martin, *angle rue Louis-Blanc* . . .	
Quai Jemmapes, 212.	
Rue Vicq-d'Azir, 28	

5.

EMPLACEMENTS	NOMBRE D'AFFICHES
XIe ARRONDISSEMENT	
Rue Amelot, 146, *angle du boulevard Voltaire*	
Rue de Charonne, 33	
Rue du Faubourg-Saint-Antoine, 233	
Rue Saint-Bernard, 39	
Rue du Chemin-Vert, 84	
Rue de Montreuil, 28	
Rue de Montreuil, 30	
Rue des Boulets, 118	
Rue de la Roquette, 72	
Avenue Parmentier, 75	
Avenue Parmentier, *face 86*	
Rue des Trois-Couronnes, 38	
Rue de la Folie-Regnault, 58	
Avenue Parmentier, 77	
Impasse d'Aunay, 11	
Rue Saint-Maur, 149	
Rue Saint-Maur, 151	
Rue Saint-Maur, 153	
Rue de la Roquette, 152	
Rue de la Roquette, *face rue Pache*	
Avenue Philippe-Auguste, 127	
Boulevard de Charonne, 123	
Avenue Philippe-Auguste, *face au 130*	
Boulevard de Charonne, 91	
Rue de Montreuil, 109	
Rue de l'Orillon, 9	

EMPLACEMENTS	NOMBRE D'AFFICHES
XIe ARRONDISSEMENT *(Suite)*	
Impasse des Trois-Sœurs, *angle rue Popincourt* . .	
Rue Oberkampf, 146	
Rue de la Folie-Méricourt, 53	
Rue de Montreuil, *coin rue Krieger*	
Rue Sainte-Marguerite, 3	
Boulevard Ménilmontant, 7	
Avenue Parmentier, *coin faubourg du Temple* . .	
Rue des Boulets, *coin rue la Roquette*	
Rue Faubourg-du-Temple, *coin aven. Parmentier*.	
Rue des Trois-Bornes, 28	
Rue des Trois-Bornes, 19	
Rue des Trois-Bornes, 21	
Rue des Trois-Bornes, 23	
Rue de Nemours, 16	

EMPLACEMENTS	NOMBRE D'AFFICHES
XIIe ARRONDISSEMENT	
Avenue Ledru-Rollin, 16	
Rue Chaligny, 26, *face au faubourg Saint-Antoine.*	
Rue Chaligny, *près du faubourg Saint-Antoine*	
Rue Chaligny, *près du boulevard Diderot.*	
Rue de Charenton, 89.	
Rue de Charenton, *Hôpital Trousseau*	
Rue Traversière, 8	
Faubourg Saint-Antoine, 228.	
Faubourg Saint-Antoine, 240.	
Rue de Bercy, *face 3.*	
Rue de Bercy, 91, *coin rue Meursault.*	
Rue Meursault, *coin rue de Bercy*	
Rue de Bercy, *face au 72.*	
Rue de Mâcon, *coin rue de Bercy*	
Rue Pomard, *angle rue Léopold.*	
Rue Léopold, *angle rue Pomard.*	
Rue de Dijon, *coin rue de Bercy.*	
Rue Beccaria, 13	
Rue Picpus, *angle avenue Daumesnil*	
Rue Picpus, 222 *ter*	
Rue Sibuée, *angle avenue Daumesnil*	
Avenue Daumesnil, *angle rue Michel-Bizot.*	
Avenue Daumesnil, 252.	
Rue de Bercy, *coin rue de Bordeaux*	
Rue de Bordeaux, *coin rue de Bercy.*	
Rue de Rambouillet, 33, *angle rue de Charenton.*	
Rue des Charbonniers, 25.	
Rue Traversière, 95	
Faubourg Saint-Antoine, *coin rue Traversière.*	
Avenue Ledru-Rollin, 3.	

EMPLACEMENTS	NOMBRE D'AFFICHES
XIIe ARRONDISSEMENT *(Suite).*	
Avenue Ledru-Rollin, 5	
Avenue Ledru-Rollin, *face 8*	
Rue Érard, 11	
Rue Rondelet, 5	
Quai de la Râpée, 14	
Rue Crozatier, 57	
Rue des Citeaux, 12	
Rue des Citeaux, 14	
Rue Beccaria, 20	

EMPLACEMENTS	NOMBRE D'AFFICHES
XIIIe ARRONDISSEMENT	
Rue Toussaint-Féron, *coin de l'aven. de Choisy, 141*.	
Boulevard de la Gare, *près la Salpêtrière*.	
Boulevard de l'Hôpital, *Hospice des Vieilles-Femmes* .	
Boulevard de l'Hôpital, *près la Salpêtrière*. . . .	
Place Pinel.	
Place d'Italie, 4.	
Rue de la Glacière, *coin passage Prévost*.	
Rue Caillaux, 2.	
Avenue d'Italie, 15	
Avenue d'Italie, 33	
Avenue d'Ivry, 99	
Rue Harvey, *angle rue Nationale*.	
Rue Baudricourt, 2.	
Rue Baudricourt, 4.	
Boulevard de la Gare, 49	
Rue de la Butte-aux-Cailles, 36	
Rue Vandrezanne, 35 *bis*	
Rue du Moulin-des-Prés, *coin boulevard d'Italie* .	
Avenue d'Italie, 15	
Rue de la Vistule, *coin avenue Choisy*	
Rue Baudricourt, 5	
Passage Cronin, *coin rue Esquirol*	
Rue de la Reine-Blanche, 2.	
Avenue d'Italie, 71	
Rue Campo-Formio, 1.	
Rue Campo-Formio, 20	
Rue Corvisart, 35.	
Boulevard de l'Hôpital, 138.	
Rue Rubens, *coin du boulevard de l'Hôpital*. . .	
Avenue d'Ivry, 104.	

EMPLACEMENTS	NOMBRE D'AFFICHES
XIIIe ARRONDISSEMENT *(Suite).*	
Avenue de Choisy, 131	
Rue de la Glacière, 46	
Boulevard de l'Hôpital, 140	

EMPLACEMENTS	NOMBRE D'AFFICHES
XIVe ARRONDISSEMENT	
Rue du Faub.-St-Jacques, *3, angle du boul. Port-Royal.*	
Rue de l'Ouest, 109	
Avenue Montsouris, 25	
Boulevard Raspail, 299	
Boulevard Raspail, *angle place Denfert-Rochereau*	
Rue Dareau, 112	
Rue d'Alésia, 58, *angle avenue du Maine*	
Impasse de la Gaîté, 4	
Avenue d'Orléans, 85	
Rue de Liancourt, 54	
Avenue du Maine, *coin rue Liancourt*	
Avenue du Maine, 167	
Rue Thibaud, 13 *bis*	
Boulevard Edgar-Quinet, 38	
Rue Vercingétorix, *face au n° 4*	
Rue Vercingétorix, *face à la rue de Médéah*	
Rue Delambre, 15	
Rue Delambre, 17	
Rue Delambre, 21	
Rue Delambre, 23	
Rue Delambre, 25	
Rue du Montparnasse, 57	
Faubourg Saint-Jacques, 13	
Rue Méchain, *coin du faubourg Saint-Jacques*	
Boulevard Saint-Jacques, 54	
Rue Dareau, 5	
Faubourg Saint-Jacques, *près le boul. de Port-Royal.*	
Faubourg Saint-Jacques, 6	
Boulevard Montparnasse, 142	
Rue Jolivet, 2	

EMPLACEMENTS	NOMBRE D'AFFICHES
XIVe ARRONDISSEMENT *(Suite).*	
Rue Jolivet, 4	
Rue d'Alésia, 172	
Rue Hallé, *coin rue Dareau*	
Rue de Gergovie, 25	
Rue d'Alésia, 229	
Rue Vandamme, *coin rue Moulin-de-Beurre*	
Rue d'Odessa, 7	
Rue Vercingétorix, 5	
Rue Vercingétorix, 10	
Avenue de Châtillon, 9	
Rue de l'Ouest, 2	
Passage Rimbaut, *angle avenue d'Orléans*	
Passage de Vanves, *angle rue de Vanves*	
Rue Schomer, 12	
Rue de Vanves, 143	
Avenue de Montsouris, 6	

EMPLACEMENTS.	NOMBRE D'AFFICHES
XVe ARRONDISSEMENT	
Rue Lecourbe, 137, *à la Mairie*	
Rue de Sèvres, 167, *angle du boulevard Vaugirard*	
Rue Mademoiselle, 82	
Rue Lecourbe, *coin rue Mademoiselle*	
Rue Lecourbe, 114	
Quai de Grenelle, *face station omnibus*	
Avenue de Breteuil, *coin rue de Sèvres*	
Rue de Sèvres, *coin avenue de Breteuil*	
Rue de l'Abbé-Groult, 1	
Rue de l'Abbé-Groult, *face 6*	
Rue Violet, 43	
Rue Fondary, 57	
Rue de Lourmel, 15	
Rue Roussin, 44	
Rue Roussin, 74	
Rue du Théâtre, 85	
Boulevard de Grenelle, 146	
Boulevard de Vaugirard, 65	
Rue de Vaugirard, 237	
Rue Régnier, *angle rue de Vaugirard*	
Rue de l'Église, 35	
Rue Rouelle, 60	
Rue de Lourmel, 28	
Rue Cambronne, 74	
Rue Cambronne, 72	
Rue Cambronne, 30	
Rue de Sèvres, 153	
Rue de Sèvres, *Hôpital Necker*	
Boulevard Garibaldi, 60	
Boulevard Garibaldi, 62	

EMPLACEMENTS	NOMBRE D'AFFICHES
XVe ARRONDISSEMENT (*Suite*).	
Boulevard de Grenelle, 148	
Rue Croix-Nivert, 185	
Rue Lecourbe, 270	
Passage des Entrepreneurs	
Rond-point Saint-Charles	
Rue des Cévennes, 65	
Rue Lecourbe, 169 *bis*	
Boulevard Garibaldi, 25	
Rue Blomet, 78	
Rue Lecourbe, 270	
Rue Fondary, 58	
Rue Dombasle, 17	
Rue Dombasle, 30	
Rue Viala, 3	
Avenue d'Italie, 81	
Rue Héricart, 28	
Rue d'Alleray, 104	

EMPLACEMENTS	NOMBRE D'AFFICHES
XVIe ARRONDISSEMENT	
Avenue de Versailles, 7, *station des bateaux-omnibus.*	
Avenue de Versailles, 108.	
Avenue de Versailles, 114.	
Avenue de Versailles, 120.	
Avenue de Versailles, 60	
Route de Versailles, 133	
Rue Saint-Didier, *angle avenue Malakoff.*	
Avenue Malakoff, *angle rue Saint-Didier.*	
Rue des Pâtures, *angle avenue de Versailles* . . .	
Rue des Pâtures, 4.	
Rue Van-Loo, 25, *angle avenue de Versailles* . . .	
Rue Isabey, 26.	
Rue Poussin	
Pan coupé des rues Isabey et Poussin	
Avenue de Versailles, 1	
Avenue de Versailles, 101	
Avenue de la Grande-Armée, 71	
Avenue Victor-Hugo, 54.	
Rue Leroux, 1	
Rue des Sablons, 21.	
Rue Pergolèse, 4.	
Rue Pétrarque, 13	
Rue Pierre-Charron, 6	
Palissades du Trocadéro.	
—	
—	
Quai de Billy.	
Rue de Magdebourg	
Rue Le Nôtre	
Rue Nicolo, 2	
Impasse des carrières, angle rue de Passy. . . .	

EMPLACEMENTS	NOMBRE D'AFFICHES

EMPLACEMENTS	NOMBRE D'AFFICHES
XVIIe ARRONDISSEMENT	
Rue Nollet, 59	
Avenue de Clichy, 172	
Rue Saussure, 78	
Rue Saussure, 78	
Rue Truffaut, 1, *coin rue des Dames*	
Rue de Tocqueville, 120	
Rue Dautancourt, *face 31*	
Rue Truffaut, 3	
Rue de l'Étoile, 15	
Rue Saussier-Leroy, 19, *coin rue Fourcroy*	
Rue Fourcroy, *coin rue Saussier-Leroy*	
Rue Brunel, 23	
Rue Balagny, 30	
Avenue de Saint-Ouen, 157	
Rue de la Félicité, 1	
Rue de Tocqueville, 64	
Impasse Berthier, *angle avenue de Villiers*	
Rue Demours, 18	
Rue Galvani, 18	
Rue Vernier, 24	
Rue Saussure, 160	
Rue Rennequin, 10	
Rue Rousselle, *coin rue Guyot*	
Rue Saussure, 35	
Rue Truffaut, 85	
Rue des Dames, 65	
Rue Saussure, 53	
Rue Truffaut, 93	
Rue Fourniol, *coin rue boulevard Courcelles*	
Rue de Courcelles, 144	

EMPLACEMENTS	NOMBRE D'AFFICHES
XVIIe ARRONDISSEMENT *(Suite).*	
Rue des Apennins, 10	
Rue des Moines, 104	
Rue Lemercier, 97	
Rue Nollet, 69	
Rue des Apennins, 8	

EMPLACEMENTS	NOMBRE D'AFFICHES
XVIIIe ARRONDISSEMENT	
Rue Germain-Pilon, 28	
Rue Caillé, 2	
Rue du Département, 61	
Rue Saint-Luc, *coin rue Léon*	
Rue Léon, *coin rue Saint-Luc*	
Rue de la Fontaine-du-But, *angle rue Duhesme*	
Rue Duhesme, *angle rue de la Fontaine-du-But*	
Rue du Département, 59	
Rue du Département, *face au 24*	
Rue Saint-Luc, *face rue Cavé, 31*	
Rue Christiani, 2	
Rue Christiani, 4	
Rue Christiani, 6	
Rue Christiani, 8	
Rue Christiani, 10	
Rue Polonceau, 8	
Rue Saint-Luc, *coin rue Polonceau*	
Rue de la Chapelle, 6	
Rue Duhesme, *coin rue Marcadet*	
Boulevard Barbès, 42	
Rue de la Goutte-d'Or, 29	
Passage Ruelle, *angle rue de la Chapelle*	
Rue de la Fontaine-du-But, *angle rue Marcadet*	
Rue Marcadet, *face 134*	
Rue de Maistre, 43	
Rue André-del-Sarte, 21	
Rue de Torcy, 56	
Rue de Boucry, *angle rue de la Chapelle*	
Rue du Département, 55	
Rue Polonceau, 55	

EMPLACEMENTS	NOMBRE D'AFFICHES
XVIIIe ARRONDISSEMENT *(Suite).*	
Passage Doudeauville, *angle rue Doudeauville* . . .	
Rue des Islettes, 6.	
Rue Marcadet, 214	
Rue des Grandes-Carrières, *angle rue Marcadet* . .	
Rue Philippe-de-Girard, 87	
Rue de la Chapelle, 105	
Rue Tholozé, 1	
Rue Pajol, 2, *coin boulevard la Chapelle*	
Rue de Torcy, 14	
Rue des Roses, 24	
Rue Pajol, 4	
Rue Séguin, 24.	
Rue Jean-Cottin, 1	
Rue Pajol, 48	
Rue Stephenson, 40	
Rue Pajol, 50	
Rue de la Charbonnière, 2.	
Rue Pajol, 52	
Rue de Steinkerque, 7	
Rue de Jessaint, 6	
Boulevard Barbès, 73.	
Rue Pierre-Picard, 25.	
Rue Charles-Nodier	
Place du Marché-Montmartre	

EMPLACEMENTS	NOMBRE D'AFFICHES.
XIXe ARRONDISSEMENT	
Rue de Thionville, 1	
Rue de Meaux, 95	
Rue de Meaux, 97	
Rue de Crimée, *coin rue de Thionville*	
Rue de Thionville, 3	
Passage Gauthier, *angle rue Bolivar*	
Place du Maroc, *angle rue Tanger*	
Rue de Meaux, 37	
Rue Clavel, 2	
Rue Mathis, 1, *coin rue de Flandre*	
Rue Riquet, 19, *coin rue de Flandre*	
Rue Petit, 30, *coin passage du Sud*	
Rue Labois-Rouillon, *angle rue Curial*	
Rue d'Allemagne, 60, *passage Melun*	
Rue du Rhin, *angle rue Petit*	
Rue Petit, *angle rue du Rhin*	
Rue d'Allemagne, 83	
Rue Curial, 60, *coin rue de l'Escaut*	
Rue d'Hautpoul, *coin rue d'Allemagne*	
Rue d'Aubervilliers, 92	
Rue Mathis, 5	
Rue d'Aubervilliers, 94	
Rue Riquet, 43	
Rue de Flandre, 28	
Rue de Thionville, *angle rue Crimée*	
Rue La Villette, *angle rue Fessart*	
Rue de Crimée, 175	
Rue de Tanger, 7	
Rue d'Aubervilliers, 92	

EMPLACEMENTS	NOMBRE D'AFFICHES
XIXe ARRONDISSEMENT *(Suite).*	

EMPLACEMENTS	NOMBRE D'AFFICHES
XXe ARRONDISSEMENT	
Rue de la Bidassoa, *près la rue Ménilmontant* . . .	
Rue des Panoyaux, *angle rue des Amandiers* . . .	
Rue Ménilmontant, 97.	
Rue des Cascades, *coin rue Ménilmontant*.	
Rue des Pyrénées, 274, *angle rue Ménilmontant* .	
Rue Étienne-Dolet, 9	
Rue des Ormeaux, *angle rue d'Avron*	
Rue d'Avron, *angle rue des Ormeaux*.	
Rue de Vitruve, *coin rue des Orteaux*	
Rue des Orteaux, *coin rue Vitruve*.	
Rue des Couronnes, 118.	
Rue des Rigoles, 83.	
Rue du Jourdain, 5.	
Rue des Maronites, 14-12.	
Rue de Tourtille, 9	
Rue des Couronnes, 21	
Rue de Belleville, 212.	
Passage Tlemcen, 16	
Rue des Cendriers, 24	
Boulevard Charonne, *coin rue Alex.-Dumas* . . .	
Rue des Maraîchers, *coin rue d'Avron*.	
Rue Lémon, 2	
Rue d'Avron, 137.	
Rue des Panoyaux, 41	
Rue Julien-Lacroix, 59	
Rue des Amandiers, *coin passage Julien-Lacroix* .	
Rue de Belleville, 286.	
Rue Eupatoria, 1.	

EMPLACEMENTS	NOMBRE D'AFFICHES
XXe ARRONDISSEMENT *(Suite).*	

COLONNES DE LA VILLE DE NEUILLY	NOMBRE D'AFFICHES
Place de la Mairie *(côté gauche)*	
— *(côté droit)*.	
Avenue de Neuilly *(côté gauche), en entrant*. . . .	
— 35, *coin de la rue Montrosier*. .	
— 65, *coin de la rue du Marché*.	
— 93, *coin de la rue d'Orléans* . .	
— 118, *coin de la rue Ancelle* . . .	
— 155, *près la rue des Graviers*. .	
— 183, *face à la rue de l'Église*. .	
— 211, *devant la rue de Longchamps*.	
Avenue de Neuilly *(côté droit), en entrant*	
— 26, *coin de la rue Montrosier*. .	
— *angle de la rue du Marché*. . .	
— 60, *coin de la rue d'Orléans* . .	
— 94, *faisant face à la rue Ancelle*.	
— 134, *coin de la rue des Huissiers*.	
— 156, *coin de la rue de l'Église*. .	
— 166, *coin de la rue du Château* . .	
— 180, *coin r. Basse-de-Longchamps*	
Avenue du Roule *(côté gauche), pan coupé des rues de la Révolte et Sablonville*	
Avenue du Roule, 13, *entre les rues de la Révolte et Montrosier*.	
Avenue du Roule, 51, *près la rue de Chartres*. . .	
— 95, *où se tient le marché* . . .	
Avenue du Roule, 40 *(côté droit), près la r. du Marché*.	
— 78, *où se tient le marché*.	
— 52, *coin de l'avenue Sainte-Foix*.	
Avenue de Madrid, 1	
— et rue du Bois-de-Boulogne .	
Boulevard des Sablons, *près la porte du Bois*. . .	

COLONNES DE LA VILLE DE NEUILLY	NOMBRE D'AFFICHES
Place du Château.	
Boulevard Bineau *(station des Tramways)*.	
— *coin du boulevard du Château.*	

COLONNES DE LA VILLE DE VINCENNES	NOMBRE D'AFFICHES
Grande-Rue, *coin de la rue des Vignerons*	
— *coin de la rue Berrault*	
— *coin du pont du Chemin de fer* . . .	
— *coin de la rue de la Prévoyance* . . .	
Rue de Fontenay, *coin de la rue Berrault*	
— *coin de la rue de Montreuil* . .	
— *coin de la rue de l'Hôtel-de-Ville* .	
— *en face l'Institution Tessier* . .	

EMPLACEMENTS	OBSERVATIONS
BANLIEUE	
Avenue de la Reine, 8, Boulogne-sur-Seine.	
Rue de Courcelles, 21, Levallois	
Rue Baudin, 1, Levallois.	
Rue Cavé, *coin rue Baudin*, Levallois . . .	
Rue de Gravel, 82, Levallois.	
Rue de Courcelles, *coin r. de Gravel*, Levallois	
Rue Victor-Hugo, Levallois.	
Boul. Victor-Hugo, *angle rue Martre*, Clichy	
Rue Martre, 4	
Rue Cousin, 2 *bis*, *angle boul. National*, Clichy	
Rue Solférino, 5, Aubervilliers.	
Rue de Pantin, 2, Aubervilliers.	
Pass. Saint-Christophe, *angle rue de Pantin*, Aubervilliers	
Route de Flandre, 1, Aubervilliers	
Route de Flandre, 72, Pantin.	
Rue d'Aubervilliers, 89, Pantin.	
Rue de Paris, 105, aux Lilas.	
Rue du Coq-Français, *angle rue de Paris*, aux Lilas	
Rue de l'Égalité, 5, aux Lilas	
Place des Écoles, aux Prés-Saint-Gervais. .	
Rue Montrosier, 27, Neuilly	
Rue du Nord, 16, Neuilly	
Boulevard de Strasbourg, 29, Boulogne . .	
Avenue de la Reine, *angle rue Maître-Jacques*, Boulogne.	
Avenue Victor-Hugo, 41, Boulogne	
Avenue de la Reine, 8, côté de Boulogne.	
Rue Denis-Papin, 4, Asnières	

EMPLACEMENTS	OBSERVATIONS
BANLIEUE *(Suite)*.	
Avenue de la Reine, 55, Boulogne	
Rue des Dames, 1, Asnières	
Rue d'Argenteuil, 33, Asnières	
Rue de Villiers, 1, Neuilly	
Rue de Villers, 1, Levallois	
Rue du Bois, 91, Levallois	
Place de la République, Colombes, ...	
Avenue des Batignolles 8, Saint-Ouen . . .	
Avenue de la Reine 158, Boulogne	
Chaussée du Pont, Boulogne	

EMPLACEMENTS	NOMBRE D'AFFICHES

CONDITIONS GÉNÉRALES

1° **L'Affichage national** garantit la conservation des affiches dans ses cadres, à la condition que le client lui fournisse les affiches nécessaires pour remplacer celles qui pourraient se détériorer.

2° Dans le cas où il serait constaté que les affiches manquent dans certains cadres, soit par le fait de malveillance, de mauvais temps ou autres causes, il ne serait dû aucune indemnité, mais **l'Affichage national** devrait immédiatement les faire remplacer.

ENGAGEMENT

BON pour pose en conservation, aux conditions de la page 4, dans les cadres désignés sur la présente liste, de ________ *affiches*

format ________ *annonçant* ________

pendant ________ *du* ________ *au* ________

au prix à forfait de ________

payable d'avance ________

Paris, le ________ 188 __

SIGNATURE ________

ADRESSE ________

PARIS. — IMPRIMERIE CHAIX, RUE BERGÈRE, 20. — 10770-5-9.

www.ingramcontent.com/pod-product-compliance
Ingram Content Group UK Ltd.
Pitfield, Milton Keynes, MK11 3LW, UK
UKHW020245220726
13923UKWH00002B/829

9 782019 962111